창조문학대표시인선 · 282

달그림자

최규학 시조시집

창조문학사

□ 시조 시인의 말

시를 쓰다가 시조(時調)에 관심을 가지게 되었습니다. 정형의 매력에 푹 빠졌습니다. 시조는 고려말부터 씌여진 우리의 뿌리 깊은 전통문학입니다. 시조(時調)는 시절가조(時節歌調)의 준말로 그 시절에 부르는 노래를 뜻합니다. 시조는 우리의 민족 정서와 애환을 함께해온 자랑스러운 문화유산입니다. 일제 강점기에는 시조를 되살림으로써 우리의 정체성을 찾으려는 노력을 하였습니다.

일본의 하이쿠가 너무 짧고 중국의 한시가 너무 정형적이라면 우리의 시조는 절제미와 융통성을 갖춘 세계 최고의 문학 장르라 생각됩니다. 3장 6구 12소절 45자에 음수의 융통성을 갖지만, 종장 3자는 고수하는 점에서 짜릿한 감칠맛을 느끼게 합니다. 순진법으로 나아가다가 종장 후구에서만 역진법으로 나아가는 것 또한 묘미입니다.

단톡방에서 들샘 이홍우 시조 시인의 시조에 답시를 쓰면서 홍을 느꼈고 이기동 시조 시인님 황환택 대기자님 장주경 시인님 등 주변에서 여러분들의 격려가 시조창작을 계속하는 데 큰 힘이 되었습니다. 시를 지도해 주시고 등단시켜 주신 홍문표 박사님의 도움으로 이번에 시조 시인으로 등단하고 시조시집까지 발간하게 되었습니다.

우리의 전통인 정격시 단시조만으로 시조시집을 꾸렸습니다. 앞으로 우리의 자랑스러운 시조가 훈민정음과 더불어 세계의 자랑이 되는 데 조금이나마 기여하는 시조 시인이 되도록 시심을 갈고 닦겠습니다.

2021년 7월

인간낙파 최규학

차례

제 1부 꽃의 노래

제 2부 사랑의 노래

제 3부 인생의 노래

제 4부 장소의 노래

달그림자
최규학시조시집

제 1부 꽃의 노래

2월의 꽃봉오리

2월의 꽃봉오리
나무의 심장인가

3월을 연모하여
한없이 부풀었네

저 심장
터지는 날에
온 세상이 붉으리

갈대의 노래

물새도 날아가고
강물도 흐르는데

한평생 흔들려도
제 자리 지켰구나

몸으로
흐느끼는 노래
하늘까지 서럽다

감나무 잎사귀

감나무 잎사귀는
위대한 어머니다

한평생 수고하여
제 새끼 먹이다가

감 붉어
빵빵할 때에
미련 없이 지나니

곶감

고운 옷 벗어놓고
허공에 매달려서

바닷물 소금 되듯
한세월 참아내면

하얀 분
곱게 바르고
우화등선 하리라

꽃 색시

진달래 꽃 색시가
봄 술에 얼굴 붉어

나무님 품에 안겨
전생 꿈 꾸는구나

접동새
토해낸 피가
네 적삼을 적셨지

나목

나뭇잎 무성할 때
대단한 줄 알았더니

옷 벗은 속을 보니
가진 것 하나 없다

찬바람
맞서 견디니
갸륵하고 장하다

낙엽 편지

한평생 우려내어
피로 쓴 눈물 편지

기러기 우체부가
황급히 놓고 간다

뒹구는
사연들마다
울컥하는 서러움

눈꽃

봄꽃이 피기 전에
눈꽃이 만발했다

꽃향기 없는 땅에
오랑캐 날뛰는데

눈 꽃잎
즈려밟으며
하늘 뜻을 새긴다

단풍

붉은 잎 춤을 추니
꽃보다 아름답다

저세상 가는 길에
꽃단장 웬 말이냐

피눈물
잎새 마음을
어느 누가 알리오

단풍잎

단풍잎 우주 한 장
별보다 많은 상처

비바람 쪼아대고
밤낮이 긁었으니

저녁놀
저리 붉어도
네 맘보다 더하랴

들매화

들매화 꽃망울은
어머니 눈물인가

외로움 씨줄 삼고
그리움 날줄 삼아

겨우내
베 짜실 적에
매화처럼 우셨지

매화꽃

벚꽃을 닮았지만
호들갑 떨지 않고

배꽃을 닮았지만
청승을 떨지 않네

가슴팍
봉긋 내밀어
봄소식을 전한다

벚꽃

부싯돌 반짝이듯
한순간 번쩍이다

불씨도 못 살리고
싸늘히 식는구나

하늘에
검은 불똥만
사리처럼 남는다

산수유 꽃

노오란 병아리가
종종종 걸어오네

바람이 차가운데
봄 온 줄 알았구나

가을날
어미 닭 되어
빨간 알을 낳겠지

설중매

찬바람 거센 곳에
백설이 분분한데

설중매 활짝 피니
백설이 나비로다

햇살은
차가울망정
봄 향기가 진하다

설한 동백

올겨울 너무 추워
못 필 줄 알았더니

방장산 해 뜨듯이
빨갛게 솟았구나

동박새
울지 말거라
눈물 젖어 꽃 질라

수선화

매화의 굳은 가지
눈 속에 꿈꿀 때에

수선화 여린 싹이
얼은 땅 뚫고 나와

병아리
노란 날개를
풍선처럼 부푼다

수선화에게

봄철에 노란 꽃은
수선화 제일이라

개나리 깜짝 놀라
화들짝 피지만은

내 마음
이미 준 것을
종 친다고 돌리랴

쑥부쟁이

구절초 많은 곳에
말쑥한 쑥부쟁이

솔잎을 비녀 꼽고
누구를 기다리나

네 향기
내 님 같아서
나비 되고 싶구나

아네모네

봄바람 불어올 제
소풍 온 아네모네

벌 나비 다가와도
바람만 품에 안네

전생에
사랑한 님이
바람 되어 왔구나

아카시아 꽃

꿀단지 달콤한 꽃
통째로 먹었었지

꽃 꺾어 먹여주던
그 친구 어디 갔나

꽃향기
홀로 맡으니
외로움이 진하다

억새꽃

가을의 꽃이라면
억새꽃 제일이다

은발을 휘날리며
몸매도 요염하니

국화꽃
향기 좋아도
기가 죽지 않는다

코스모스

보석을 캐어다가
길가에 뿌렸구나

새하얀 분홍 빨강
빛깔도 고울씨고

그 누가
저 꽃을 보고
안 취할 수 있으랴

할미꽃

머리 센 할머니가
햇볕을 쬐는구나

한평생 배고프고
떨면서 살았는데

꽃마저
고개 숙이니
저승길이 서럽다

홍매화

우물가 홍매화가
다소곳 향을 낸다

시어미 서릿발에
네 살결 시릴세라

봄바람
고운 서방님
너를 감싸 안는다

홍시화

봄에는 홍매화요
가을엔 홍시화라

봄바람 차다지만
갈바람 매정하다

허공에
매달린 눈물
피보다도 붉구나

제 2부 사랑의 노래

4월 그리움

3월의 나르시스
찬비에 스러지고

4월의 벚꽃 나라
바람에 흩어진다

보릿대
푸른 잎끝에
피어나는 그리움

4월의 노래

영산홍 붉은 사랑
피 다해 스러지고

소쩍새 슬픈 노래
힘 다해 멀어져도

내 심장
박힌 가시는
작아질 줄 모른다

9월의 밤

매미야 우지마라
풀벌레 잠잣거라

저문 강 노 저어서
나의 님 오시는데

시끄러
아니 오실까
이내 마음 졸인다

꽃불

봄비로 기름 부어
언 땅을 녹이는 불

얼굴에 붙은 불꽃
가슴도 타는구나

그 아래
줄기 넘어서
뿌리까지 태워라

꽃잎 비

꽃잎 비 내리실 제
땅 껍질 황홀해라

찬비에 소름 돋고
폭우에 찢겼는데

꽃이불
살포시 덮고
지난 시름 잊는다

남천 열매

빼 시린 찬바람에
토해낸 붉은 진주

춘향의 일편단심
이몽룡 울리듯이

남천의
눈물방울이
엄동설한 녹인다

내 마음

내 마음 달이 되어
은하수 건너는데

강 건너 밝은 별은
언제나 만나려나

하늘 강
넓고 넓어서
하룻밤이 짧구나

달그림자

내 가슴 맑은 호수
거울이 따로 없네

해와 별 구름들이
번갈아 들어와도

하얗게
빛나는 얼굴
달그림자 담으리

달밤

조각달 반쪽 얼굴
졸린 눈 겨우 뜨고

소나무 잔가지에
부엉이 잠드는데

풀벌레
시 낭송 소리
사랑앓이 심하다

북소리

둥둥둥 북소리에
봄바람 일어나고

동동동 북소리에
꽃망울 툭 터진다

내 심장
거센 북소리
내 님 듣고 오실까

상사병

그리운 그 사람이
만물에 빙의되어

창문에 달님 되고
전깃줄 까치 되니

달님은
안을 수 없고
까치 날아 못 잡네

상사화

앞산에 꽃무릇은
저 홀로 잘 피는데

우리 집 상사화는
기다려도 피지 않네

가을빛
도드라진 날
피 말리는 그리움

서동요

연못가 과부 아들
넉 줄 시 노래지어

신라의 공주 얻고
백제의 왕이 됐네

소싯적
힘든 시절엔
마를 캐며 살았지

수수꽃다리

내 사랑 수수꽃다리
끝없이 피어난다

온갖 벌 대들지만
눈길도 주지 않고

오로지
나를 위해서
연지 곤지 찍는다

아내

가까운 여행길도
혼자는 천만린데

머나먼 인생길은
말하여 무엇하리

내 삶의
내비게이션
아내에게 맡기리

아내 꽃

탐스런 꽃송이도
열흘을 못 넘기고

빼어난 꽃향기도
천 리를 못 가는데

아내 꽃
한평생 피어
온 우주에 넘친다

어머니

즐겁고 행복할 때
까맣게 잊었다가

힘들고 외로울 때
눈부처 되시는 분

한 참 전
돌아갔어도
가지 않는 그 사랑

월야 독백

오밤중 높이 뜬 달
너 홀로 밝았느냐

숲속에 소쩍새도
밤새워 우는구나

님 그려
잠 못 드는 건
애로라지 나구나

이별

소나무 두 그루가
정 좋게 서 있다가

한 그루 베어가니
한 그루 외로워라

심장을
도려낸 아픔
통곡한다 가시리

입동 날에

가을 문 닫히는 날
낙엽은 새가 되고

국화 향 아지랑이
그리움 사무친다

감처럼
익은 내 마음
나의 님은 아실까

중추절

중추절 한가위에
휘영청 밝은 달아

풋밤이 알밤 되듯
튼실히 익었구나

홍시의
붉은 마음을
나의 님은 아시리

진달래와 소나무

진달래 붉은 꽃이
푸른 솔 사랑하여

빛깔로 애원하고
향기로 유혹해도

소나무
푸른 마음은
붉어질 줄 모른다

첫눈

지상에 피는 꽃은
빛깔도 치열한데

천상에 태어난 꽃
오로지 순백이라

첫눈이
펑펑 오는 날
하얀 사랑 그린다

하룻머리

눈 커튼 열자마자
님 얼굴 바라본다

맑으면 나도 맑고
흐리면 나도 흐려

한평생
해바라기 꽃
님 얼굴만 따른다

제 3부 인생의 노래

5월의 잎

푸른 잎 피어나니
꽃보다 아름답네

희망의 알갱이를
가슴에 숨기고서

누에에
뽕잎 먹이듯
제 살 먹여 키운다

가을날

억새꽃 비질하여
하늘이 닦이는가

기러기 날갯짓에
낙엽이 떨어지나

소슬한
바람 소리에
감잎 먼저 붉구나

경칩

수선화 지기 전에
개구리 일어나라

잔설이 녹기 전에
매화도 피는구나

개울물
녹아 흐르면
네 세상이 아니냐

꾀꼬리

뭇 새들 탁한 소리
한 번에 지치는데

꾀꼬리 맑은소리
하늘의 선물이라

온종일
울어 젖혀도
목이 쉬지 않는다

나라 말씀

어엿비 여기셔서
한글을 지었는데

좌우가 불편하고
남북이 갈렸구나

한 핏줄
하나로 뭉쳐
나라 말씀 빛내자

낙조

불사조 낳은 알이
서산에 떨어져서

심장이 터진 듯이
붉은 피 쏟았구나

저 하늘
검게 식으면
아기 달님 뜨겠지

눈물

누군가 알아줄 때
눈물이 왈칵 나지

눈물은 보석처럼
흔한 듯 드물다네

눈물이
말라버린 삶
사막만도 못하리

동짓달

시계추 오고 가도
세월을 몰랐더니

억새꽃 곡소리에
내 마음 서럽구나

어머니
무덤 위에도
시린 달이 뜨겠지

땀방울

눈물이 짜다지만
땀방울 더 짜구나

옥구슬 곱다지만
이보다 더 고우랴

부모님
땀방울보다
더 고운 건 없으리

물소리

시냇물 꽹과리에
폭포수 북이지만

은하수 넓은 강은
말없이 흐르나니

큰 강물
소리 없다고
멈춘 것이 아니다

발자국

발자국 바라보면
인생이 보이나니

고단한 저 발자국
누구의 인생인가

눈 위에
까치 발자국
햇빛 보자 녹는다

밥사발

밥사발 바라보니
밥알에 땀 흐른다

누구의 땀이기에
예까지 따라왔나

땀방울
흐르는 밥에
눈물방울 더한다

벼 이삭

설익은 쭉정이는
기세가 등등한데

튼실한 알갱이는
고개를 숙였구나

철없는
허수아비야
무얼 보고 웃느냐

보름달

보름달 밝다 하나
하룻밤 영화로다

꽉 차면 기우나니
못 찬 것 슬퍼 마라

봄꽃도
활짝 피면은
지기밖에 더하랴

봄 마중

꽃 들고 오는 봄님
문 열고 맞으려니

울안에 수선화가
노랗게 성을 낸다

제 안에
봄이 없으면
꽃핀다고 봄이랴

봄소식

옷 벗고 옷 입듯이
잎 지고 잎 피나니

미움 속 사랑 오고
겨울 속 봄이 온다

동장군
칼춤 속에서
매화 향기 짙구나

북극성

바닷가 등댓불을
하늘에 옮겨놓고

철새도 길을 찾고
별들도 한가진데

길 잃고
헤매는 사람
왜 이리도 많으냐

상갓집 개

성인도 안 돌보면
상갓집 개 되는데

사소한 인간이야
말하여 무엇하리

나그네
자유롭지만
자유롭지 않구나

섣달그믐밤

어릴 때 뜬 눈으로
이 밤을 보냈는데

지금도 뜬 눈으로
이 밤을 보내나니

밤이야
똑같지마는
밤새는 뜻 다르다

소

살아서 멍에 쓰고
죽도록 일하다가

죽어서 헌 몸댕이
깡그리 먹히는가

사람이
무정한 것을
너를 보고 알겠다

시 낭송의 힘

먹구름 짙다 해도
바람에 흩어지고

바람이 세다 해도
큰 바위 무심한데

가슴속
옹이진 바위
시 낭송에 녹는다

아버지

대들보 큰 기둥이
공간을 만들듯이

아버지 큰 사랑도
가득 찬 빈 곳이네

하늘의
넓고 텅 빈 뜻
아버지와 같구나

엄동설한

뼈마디 고드름에
삭풍이 매몰차니

새벽이 오기 전에
온 땅이 다 얼겠다

가슴이
식은 세상은
얼음보다 차갑다

워낭소리

인생길 고단해도
소처럼 걸어가고

세상이 유혹해도
소처럼 바라보라

늙은 소
워낭소리가
내 마음을 징친다

인간 낙파

떨어진 파도 하나
외롭고 힘들어도

쉼 없이 출렁거려
바닷가 도달하듯

내 인생
시련을 딛고
하늘가에 이르리

잉어빵

피라미 백이라도
한 잉어 못 이기고

얼음이 백자라도
한 잉어 못 얼린다

잉어빵
뜨거운 뜻을
먹는 자는 알리라

저녁놀

지는 해 바라보니
강처럼 긴 그림자

걸어온 자국마다
아픔은 옹이 지고

한세월
붉게 물들어
수박처럼 익었다

정월 대보름 달

한 아름 대보름 달
하늘에 가득하니

어둠이 물러가고
악귀도 사라지네

이 땅에
광명천지가
머지않아 오겠지

코로나 거리 두기

코로나 거리 두기
모처럼 휴가로다

바쁘게 살았을 때
모르던 한가로움

밤하늘
달이 없다고
별빛까지 가시랴

탐매

맹호연 나귀 타고
파교(灞橋)를 건넜다지

매월당 기침 소리
매화꽃 흔드는데

매형에
물을 주거라
퇴계 말씀 들린다

태극기

물에서 붕새 솟고
불에서 삼족오라

하늘과 땅 사이에
뭇 생명 번창하니

음양이
돌고 돌면서
온 세상을 누비리

태풍

붕새가 날개 치니
작은 새 낙엽 되고

큰 나무 멱감으니
잔 나무 익사한다

태풍의
높고 큰 뜻에
덕 보는 이 누군가

푸른 사마귀의 죽음

당랑권 휘두르며
뽐내던 사마귀야

풀섶에 고꾸라져
꿈쩍도 않는구나

네 녀석
잘 나갈 적엔
이리될 줄 몰랐지

허수아비

곡식을 지키느라
보초 선 허수아비

옷 한 벌 다리 하나
모자도 낡았구나

참새도
가소로운 듯
짹짹대며 놀린다

제 4부 장소의 노래

가을 산

앞산이 불긋하니
내 마음 울컥하다

잎새도 심란하여
소란을 떠는구나

시커먼
바위 녀석아
고상한 척 말아라

가을 산속 방문기

양탄자 깔린 길에
오색등 밝혔구나

큰 나무 작은 나무
새들도 신이 났다

찬바람
걱정하는 건
나 말고는 없구나

계백장군

오천의 결사대로
백제의 별이 되어

마지막 불꽃으로
장엄히 타오르니

민족의
영웅이 되어
황산벌을 달린다

고란사

고란초 작은 뿌리
바위를 움켜쥐고

백마강 출렁이며
자는 용 깨우는데

고란사
새벽 종소리
궁녀 한을 재운다

고향집

대밭에 대순 나고
솔밭에 솔 나는데

초가집 어디 가고
양옥집 생겼는가

집이야
변했을망정
옛사람이 그립다

꽃길

봄에는 꽃길이요
여름엔 풀길이라

가을에 붉은 열매
어디서 나왔는가

덧없는
욕망을 보고
꽃길이라 말거라

관어대(觀魚臺)

은하수 물고기는
별빛에 가리우고

양강(陽江)의 물고기는
돌 빛에 가리는데

관어대
숨은 절경은
별빛 돌 빛 다 가린다

궁남지

무왕의 꽃 배 대신
버들잎 오락가락

방장산 포룡정에
서동요 시만 홀로

서동모
살았던 터엔
백련 홍련 폈구나

길모퉁이

모퉁이 돌아설 때
가슴이 두근 두근

무엇이 나타날까
그 누가 서 있을까

산 넘어
별천지에는
복숭아 꽃 피겠지

낙화암

바람도 소리치는
아찔한 낭떠러지

푸른 용 입 벌리고
물살도 성났는데

꽃비가
가득히 내려
붉은 글씨 가린다

독도

동해의 보물섬아
민족의 등대로다

가족 품 떨어져서
외로움 파도쳐도

백두산
호랑이처럼
포효하고 섰구나

무량사

무량사 가는 길에
석장승 자비롭고

매월당 승탑 옆에
매화 대신 소나무라

영산전
부처님 모습
미래의 짝이라네

물웅덩이

길가에 물웅덩이
누구의 눈동잔가

하늘도 비춰주고
마음도 보여주네

바람아
가만있거라
내 님 얼굴 서린다

백마강

강변의 절경마다
백제 혼 묻어나고

궁녀의 예쁜 모습
꽃으로 피어나네

의자왕
떠나간 배도
머지않아 오겠지

부소산

백마강 옥대 띠고
북풍을 막아서서

소나무 갑옷 입고
백제 궁 감쌌으니

천고의
백마 탄 영웅
네 품에서 오리라

빙판길

코로나 빙판길은
하늘의 뜻이런가

소나기 쏟아져도
피할 곳 없는 사람

죽을 길
뻔히 알면서
가는 마음 서럽다

사택지적비

빛나던 벼슬길도
꿈처럼 허망해라

금 캐고 옥 갈아서
부처님 모셨어도

한 조각
뜬구름 인생
연기처럼 덧없다

산길

소나무 큰 가지가
이정표 서는 산길

겁 없는 다람쥐야
멋대로 가지 마라

솔개가
두 눈 부릅떠
찰칵찰칵 찍는다

산길에서

산길에 떨어진 밤
집어서 던지노라

시장에 나가보면
먹을 것 지천인데

가난한
다람쥐 양식
누가 주워 가느냐

성홍산 사랑나무

서동의 심줄인가
선화의 핏줄인가

성홍산 사랑나무
가지가 고동친다

연인들
두 팔 모아서
천 년 사랑 엮는다

정림사지 오층석탑

사비성 한복판에
석양을 받고 서서

얼굴은 그을리고
몸에는 문신이라

백제를
오층에 지고
천오백 년 섰구나

수북정

멀리서 바라보니
삿갓 쓴 선비로다

기둥은 학문이요
바닥은 인품이라

비바람
몰아친다고
그 기상이 변하랴

□ 해설

열정과 올곧음의 정통 시조시학

최 규 학 시조시집 『달그림자』에 부쳐

홍 문 표

시인 · 평론가 · 전 오산대학교 총장

1.시에서 시조까지

인간낙파 최규학 시인이 이번에 시조시집 「달그림자」를 상재하게 되었다. 그가 시인으로 등단하여 첫 시집 「꽃의 노래」를 내었고 내가 그의 시를 야생화의 시학이라고 평한 일이 있는데 이번엔 일백여편의 시조를 창작하여 시집을 내겠다는 것이다. 시나 시조나 같은 시문학이기는 하지만 시와 시조는 역사와 전통과 형식을 달리하는 사연이 있어 이를 함께 소화하기란 쉬운 일이 아닌데 최 시인은 이번에 시조에도 도전한 것이다. 그러나 최 시인의 이번 시조집은 그냥 의욕만 가지고 내는 것이 아니다. 그는 이미 한시와 시조에 대한 조예가 있었고 이번 시조집 내기에 앞서 시조에 대한 객관적인 검증을 위해 창조문학을 통해 시조 시인으로 등단까지 하였다. 따라서 이번 시조집은 그가 시조시인으로 충분한 준비와 역량을 가지고 내는 것이다.

한때는 어느 분야에서나 전문가를 최고로 우대하고 그것이 생존방식의 최선으로 생각했다. 이는 문학에서도 그랬다. 시인 따로 시조시인 따로 소설가 따로 자기 분야에 매진하는 것이 문사의 당연한 미덕인줄 생각한 것이다. 그러나 세상이 달라졌다. 공유와 융합과 상호보완을 통해 시너지 효과를 얻을 수 있다는 것이 디지털문명시대가 보여주는 엄연한 현실이고 보면 전문성이란 오히려 우물 안의 개구리거나 자폐적 독선에 빠질 수 있는 것이다. 사실 문학을 모르고 시를 쓴다는 것이나 시를 모르고 시조를 쓴다는 말은 뿌리 없는 나무이거나 모래성이거나 특정한 문학 장르의 기교만 부리는 허세일 수 있다. 시의 본질을 알고 시조를 쓰고 문학을 알고 시를 쓰는 사람은 문학예술의 대도를 이탈하지 않는다. 전체를 알고 부분을 가기 때문이다. 그렇지 않을 때는 나침판 없는 항해와 같다. 오늘날 많은 문인들이 특정한 장르에나 특정 이념에만 매달려 평생을 다람쥐 쳇바퀴 돌듯이 맴도는 이유가 거기에 있다. 이웃과 상호보완하고 과감히 이웃의 세계에 도전하는 열린 사고, 바로 메타포(metaphor)적 사고만이 삶의 지평을 넓히고 자기 시학을 한층 더 심화시킬 수 있는 것이다.

최 시인의 이번 시조시집은 「달그림자」를 제목으로 하여 1부는 꽃의 노래, 2부는 사랑의 노래, 3부는 인생의 노래, 4부는 장소의 노래라는 제목으로 전편을 배치했는데 이는 앞서 시집의 장 나눔과 제목이 동일한 것을 보면 시나 시조나 시인의 관심은 애오라지 꽃, 사랑, 인생, 그리고 삶의 뿌리인 고향공간에 대한 것임을 알 수 있다. 그러나 이런 것은 시인이 작품을 통해서 드러내고자 하는 표면적인 소재나 주제들이기에 이들이 어떻게 시조라는 장르를 통하여 이번 시조집에서 형상화 되었는가를 보다 심층적으로 분석하여 그가 추구하려는 시조시학과 내면의 진실이 무엇인가를 다음 몇 가지 항목으로 살펴보고자 한다.

2. 엄격한 정형미의 시조시학

시와 시조의 근본적인 변별성은 시는 형식의 자유로움이고 시조는 형식의 정형성이라고 말한다. 그러나 이는 단편적인 이분법이다. 세상의 모든 존재들은 다 내면적 구조가 있고, 감동을 자아내는 예술이나 놀이들은 모두 저마다의 규칙이 있다. 따라서 우리가 질서니, 선이니, 미니 하는 것들도 따지고 보면 주어진 규칙, 제도와 형식에 얼마나 충실했는가에 있다. 그렇다면 시에는 시의 규칙이 있고 시조에는 시조의 규칙이 있을 뿐이다. 따라서 시조가 시조다울 수 있는 것은 시조가 갖는 엄격한 규칙을 보다 충실하게 실천하는 데서 얻는 즐거움이다.

시조의 기본 규칙은 3장6구 45자를 기본으로 하는 평시조 형식이다. 뿐만 아니라 3장의 자수 배열은 초장 3 4 3 4. 중장 3 4 3 4 종장 3 5 4 3이어야 한다. 이러한 규칙을 지키면서 시의 근본인 리듬과 메타포, 감동과 발견이라는 언어의 미학을 최대한 실현 하는 것이 시조다. 한시의 경우도 자수와 음운의 규칙이 있어 규칙의 미학을 최대한 즐기고 있고, 영시의 경우도 음절을 한 묶음으로 하는 음보(foot)의 규칙을 갖고 있다. 그런데 이러한 정형시의 규칙들은 나라마다 차이가 있다. 그야 나라마다 문화적인 조건이 다르기 때문이라고 할 수 있겠는데 문제는 그러한 정형의 규칙들이 그 민족의 정서와 역사 속에 용해된 그 민족의 정체성을 드러내는 보편적 형식이라는 데서 정형시가 갖는 민족문학으로서의 대표적 장르라는 우월성을 지니게 되는 것이다.

따라서 시조에 대한 우리의 인식도 단지 현대시와 과거시, 자유시와 정형시라는 이분법에서 접근할 것이 아니라 고려 말에서 현재에 이르는 우리의 역사 속에서 가장 오랜 기간 누구나 즐겨 애창한 것이 시조라는 사실에서 우리가 계승, 발전시켜야 할 민족적 시가 형식임을 재인식해야 하겠는데 그런 점에서 최 시인이 자유시에서 시조까지 도전한 그의 민족문학에 깊은 관심을 높이 평가할 수 있다.

그런데 특히 이번 시집이 보여주는 시조의 가장 두드러지는 강점은 정통 시조의 엄격한 정형미를 계승하고 있다는 점이다. 정통시조의 정형률은 3장6구 45자라 했다. 그런데 일각에서는 자수율의 일부변경을 인정하고 있고 엇시조, 사설시조니 하여 근본적인 시조의 구조변경을 시도하기도 하였으며 현대시조에서는 연시조나 형태변경을 실험하기도 한다. 그러나 이러한 시도들은 시조의 정통이 아니라 변형이고 실험이다. 게임의 본질은 룰의 대결이고 이를 벗어나면 반칙이다. 한국시조의 자부심은 바로 3장 6구 45자의 단수 평시조다. 이 규칙에 시적 형상의 운명을 걸어야 한다. 예컨대 한시의 율격을 마음대로 변형시키고 있는가, 영국의 소네트가 형식을 파괴하고 있는가, 일본의 하이쿠는 5, 7, 5의 음수율을 가진 17자의 시인데

1천년을 이어 오면서도 변함이 없다. 우리의 시조 역시 1천년을 이어오고 있을 뿐만 아니라 그 대표적인 구성은 3장 6구 45자의 단시조다. 그런데도 걸핏하면 총 글자 수를 이탈하면서 한국어의 특수성을 내세운다. 그러나 시조의 민족적 자부심이나 예술적 미학은 엄격히 그 규칙을 지키는데 있다. 이를 파괴하고 변경한다면 이는 정형시가 아니다. 다음 시조를 보자.

2월의 꽃봉오리
나무의 심장인가

3월을 연모하여
한없이 부풀었네

저 심장
터지는 날에
온 세상이 붉으리

-「2월의 꽃봉오리」

멀리서 바라보니
삿갓 쓴 선비로다

기둥은 학문이요
바닥은 인품이라

비바람
몰아친다고
그 기상이 변하랴

-「수북정」

인용한 시조는 이번 시조집 106편 중 제일 먼저 배치된 작품과 가장 나중 작품이다. 이 두 시조를 보면 첫 번째 시조나 마지막 시조 모두 3장 6구 45자다. 이는 첫 시조에서 마지막 시조까지 모든 작품을 똑같이 3장 6구 45자, 초장 3 4 3 4 중장 3 4 3 4 종장 3 5 4 3이라는 기본 원칙을 철저히 지키고 있는 것이다.

다만 과거의 시조가 3행 6구였던 것을 6행 6구로 표기했고, 6행 6구도 2행 2구씩 간격을 두어 현대시의 관점으로 보면 3연 6행의 시로 모두 표기한 것이다. 이는 내용상 3장 6구의 정통성은 계승하되 외형적으로는 3연 6행의 행갈이와 연 갈이를 함으로써 3장 6구의 의미를 시각적으로 극대화하고 시의 생명인 리듬감을 강화하는 방식으로 진일보 시켜 현대적 감각에 부응한 엄격한 정형미의 정통 시조시학이라고 할 수 있다.

3. 시어의 현대화와 은유적 상상력

현대적 감각에 부응한 시조 창작에서 중요한 부분은 시어의 배치뿐만 아니라 시어의 선택 또한 시조의 현대화나 시의 시다움을 드러내는 중요한 요소가 된다. 현대시조를 개척한 가람 이병기는 시어 선택에 세 가지를 제시하였는데 첫째는 한문투어의 지양, 둘째는 종장 첫 구에서 어즈버, 아마도, 어찌타 등 감탄사나 영탄사, 마지막 구인 종결 어미에서 하노라, 하는구나 등의 타성에 젖은 용어를 쓰지 말 것, 셋째로는 자신의 작품에 맞는 용어를 골라 써야 한다고 했는데 최 시인의 경우 이 점에 있어서도 최대한 현대적인 시어의 선택을 통하여 시조의 현대적 감각을 살렸고 특히 은유적 상상력을 구사하여 시조의 예술성을 높이고 있다.

붉은 잎 춤을 추니
꽃보다 아름답다

저세상 가는 길에
꽃단장 웬 말이냐

피눈물
잎새 마음을
어느 누가 알리오

–「단풍」

부싯돌 반짝이듯
한순간 번쩍이다

불씨도 못 살리고
싸늘히 식는구나

하늘에
검은 불똥만
사리처럼 남는다

–「벚꽃」

인용한 두 작품을 보면 앞서 지적한 것처럼 시어 선택에 있어서 전체적으로 한문 투의 시어가 없다. 특히 종장 첫 구에 상투적 감탄사나 영탄조의 어투를 사용하지 않았다. 사실 시조에 있어서 종장 첫 구는 시조가 자유시와 구별되는 마지막 핵심이다. 그러기에 시조의 변형인 엇시조나 사설시조도 이 마지막 장 첫 구의 3음절만은 고수하고 있다. 따라서 이 마지막 종장 3음절은 시조의 맛과 멋을 결정하는 화룡점정이 된다. 그런데 과거의 시조는 이 종장 첫 구를 감탄사나 영탄조의 상투적인 시어를 사용하여 시의 창조성보다는 기교주의적 유희라는 지적을 받아왔다. 최 시인의 시조는 이 점에도 과감한 창조적 시조시학을 시도하였다.

인용한 시조「단풍」의 3장 첫 구는 '피눈물'이다. 이는 리듬의 변화라는 측면에서 뿐만이 아니라 단풍이라는 소재의 시적 형상을 결정적으로 보여주는 메타포라는 데서 더욱 시적 창조의 절정을 이루고 있는 것이다. 「벚꽃」의 종장 첫 구는 '하늘에'라는 시어를 선택 했는데 이는 지상의 벚꽃을 하늘의 벚꽃으로 옮기는 반전의 이정표가 된다. 이처럼 인간낙파 시조의 3장 첫 구의 시법은 고시조의 상투적인 어법도 아니고 단지 자수율이나 리듬감의 균형이나 전환을 위한 형식적 배치가 아니라 시조를 시적 창조의 예술로 승화시키기 위한 작업으로 시도된 것이다. 이는 단지 인용한 두 시에서만 보여주는 것이 아니라 시조집 첫 작품 「2월의 꽃봉오리」에서는 '저 심장' 마지막 「수북정」에서는 '비바람'에 이르는 일백 6편의 모든 시조가 하나도 3장 첫 구가 중복되는 것이 없고 상투적인 어휘도 없고 각각의 시조 작품에 걸 맞는 시어를 창조적으로 배치하여 시조의 창조성과 예술성을 극대화 하고 있는 것이다.

그러나 시조에서 시어의 선택 문제는 시조의 자수율에 맞는 엄격한 시어의 배열이나 종장 첫 구의 창조적 3음절 배치로 모두 끝나는 것이 아니다. 과거나 현재나 시조시학에서 가장 크게 실수하는 것은 시조도 시적 창조의 예술이라는 사실이다. 여기서 시적 창조의 예술이란 시조도 시 예술인만큼 시의 생명인 리듬과 메타포를 동시에 갖춰야 한다는 말이다. 그런데 대부분 시조는 리듬에만 집착하여 자수율만 갖추면 시조라는 착각을 하고 있다. 물론 리듬이 흥취를 돋우는 데는 일정한 역할을 하지만 감동을 주고 깨달음을 주는 시적 창조의 역할은 리듬보다 메타포, 즉 은유적 표현에 있는 것이다. 따라서 시조창작의 성공은 놀라운 상상력을 통한 은유적 창조력이 얼마나 실현되고 있는가에 있는 것이다.

최 시인 시조의 성공은 바로 이런 점에서도 매우 탁월하다. 다시 작품 「단풍」을 보자 초장에서는 "붉은 잎이 춤을 춘다"고 했다. 붉은 단풍의 흔들림을 춤이라는 은유로 표현했다. 중장에서는 단풍의 소멸을 '저 세상 가는 길'로 은유화 했고, 그 마지막 길은 꽃단장으로 더욱 은유를 강화했다. 그리고는 종장 첫 구에서 잎새 마음을 '피눈물'로 은유화 함으로 이 시는 화려한 가을 단풍의 노래가 아니라 저승으로 가는 서글픈 만가의 비장감을 자아내고 있는 것이다. 「벚꽃」을 보자. 초장에서 벚꽃의 개화를 부싯돌의 번쩍임으로 은유화 했다. 더구나 중장에서는 불씨도 못 살리는 한순간의 번쩍임으로 축소하더니 종장에서는 아예 하늘에 검은 불똥만 사리처럼 남긴다 했다. 따라서 「벚꽃」은 한 순간 번쩍였지만 끝내 불꽃으로 발화되지 못하고 소멸되어버린 존재의 단명함을 상징적으로 보여주는 고도의 은유적 상상력이 드러나고 있는 것이다.

이처럼 인간낙파의 시조는 운율에 있어서 엄격한 시어의 배열은 물론 시조의 시적 예술성을 드러내는 메타포에도 탁월함을 보이고 있는데 이는 바로 그가 시의 본질이나 방법에 대한 충분한 기초를 닦았기 때문에 가능한 것이다.

4. 열정과 한의 정서

아직도 시나 시조를 운문이라고 하는데 이는 시의 절반에 대한 말이다. 물론 시나 시조는 산문에 비해 운율의 정도가 강한 것은 사실이다. 그러나 시나 시조도 문학이고 문학도 마침내는 사상과 감정을 드러내어 소통하는 언어 행위다. 따라서 시조의 궁극적인 목적도 무엇을 어떻게 드러내어 효과적으로 소통할 것인가에 있는 것이다. 여기서 무엇이란 시조의 주제가 될 것이고 어떻게 효과적으로는 시조의 형식이나 표현 방법이 된다.

최 시인의 시조 형식이나 표현방법은 앞서 엄격한 정형미의 시조시학과 시어의 현대화 은유적 상상력이란 항목에서 살펴보았다. 그렇다면 그가 이번 시조집을 통해서 드러내고 있는 그 무엇, 바로 시조의 주제를 살펴보아야 하겠다. 그런데 인간의 의식이란 감성적 영역과 이성적 영역으로 작용하고 있기 때문에 인생을 표현하는 문학의 주체도 결국은 감성적인 세계와 이성적인 세계로 양분됨을 보게 된다. 그렇다면 먼저 시조의 정서를 보자.

> 봄비로 기름 부어
> 언 땅을 녹이는 불
>
> 얼굴에 붙은 불꽃
> 가슴도 타는구나

그 아래
줄기 넘어서
뿌리까지 태워라

-「꽃불」

물새도 날아가고
강물도 흐르는데

한평생 흔들려도
제 자리 지켰구나

몸으로
흐느끼는 노래
하늘까지 서럽다

-「갈대의 노래」

한평생 우려내어
피로 쓴 눈물 편지

기러기 우체부가
황급히 놓고 간다

뒹구는
사연들마다
울컥하는 서러움

-「낙엽 편지」

작품 「꽃불」을 보면 시적 화자의 정서가 얼마나 열정적인 가를 알 수 있다. 이 시는 꽃의 이미지를 꽃불이란 이미지로 열기를 느끼게 한다. 그리하여 초장에서는 봄비조차도 언 땅을 녹이는 꽃불이 된다. 이러한 열기는 중장에서 얼굴에서 가슴까지 태우는 꽃불이 된다. 그런데 종장에서는 뿌리까지 태우는 뜨거운 꽃불이 된다. 그렇다면 그의 꽃불 세계는 자연도, 인간도 표면만이 아니라 내면까지 온통 꽃불로 활활 타는 불교적으로 말하면 우주가 연꽃으로 충만한 연화장 세계라고 할 수 있다. 이러한 시상은 앞서 인용한 「2월의 꽃봉오리」에서도 2월의 꽃봉오리를 심장이라 했고 종장에서 "저 심장 터지는 날에 온 세상이 붉으리"에서 보듯이 그의 꽃은 단지 심미적 대상이 아니라 온 세상을 밝히고 태우는 뜨거운 열정의 서정적 꽃불이 된다. 그만큼 그의 시는 열정적 정서가 더욱 적극적인 생명력을 느끼게 한다.

그런데 「갈대의 노래」나 「낙엽 편지」를 보면 그렇게도 꽃불의 열정과 황홀함이 있지만 시적 화자의 현실엔 서러움이 있고, 그리움이 있는 한(恨)의 정서가 짙게 깔려 있다.「갈대의 노래」를 보면 물새나 강물은 자유롭게 비행하고 유동하는데 중장에서 갈대는 평생을 흔들려도 제자리에 머무는 유한한 존재라는 것이다. 그리하여 종장에서 갈대의 한은 온몸으로 흐느끼며 하늘까지 서러운 애절한 노래가 된다. 이러한 한의 정서는 「낙엽 편지」에서도 그렇다. 초장에서 낙엽의 존재 가치는 한평생 우려낸 눈물편지다. 그처럼 소중한 존재인데도 중장에서는 가을이 되고 종장에서는 허무하게 뒹구는 존재가 되니 사연마다 울컥하는 서러움의 감정에 젖는다. 이처럼 꽃의 시인 인간낙파에게 있어서 꽃으로 드러나는 정서는 꽃으로 충만한 이상적인 세계의 뜨거운 열정이 있는가 하면 다른 한 편으로는 유한한 존재로서의 한계를 자각하고 그리워하며 서러워하는 짙은 한의 정서가 있다.

5. 올곧음의 시 정신

문학을 인생의 거울이라고 할 때 거울에는 개개인의 인생과 사상이 독특하게 투영되기 마련이다. 이를 우리는 시인의 개성이니, 시 정신이니, 인생관이니 하는데 그렇다면 인간낙파의 시조 속에 투영된 사상이나 인생은 무엇일까, 이를 필자는 한마디로 올곧음이라고 말하고 싶다. 이는 이미 엄격한 정형미의 시조시학에서도 지적하였지만 사실은 그의 시조들이 보여주는 시 정신에서도 뚜렷한 개성으로 드러나고 있다.

내 가슴 맑은 호수
거울이 따로 없네

해와 별 구름들이
번갈아 들어와도

하얗게
빛나는 얼굴
달그림자 담으리

－「달그림자」

백마강 옥대 띠고
북풍을 막아서서

소나무 갑옷 입고
백제 궁 감쌌으니

천고의
백마 탄 영웅

네 품에서 오리라

－「부소산」

인간낙파의 시 정신을 보여주는 대표적인 작품이 바로 이번 시조집 제목으로 삼고 있는 「달그림자」다. 시조집을 대표하는 작품이라면 그만큼 시인이 독자에게 보여주고자 하는 메시지의 비중이 크다는 뜻이기도 하다. 달그림자란 어떤 물체가 달빛에 비치어 생긴 그림자일 수 있고 달이 수면이나 거울에 비친 달의 그림자일 수도 있다. 그렇다면 그가 그리는 달그림자의 시적 진실은 무엇일까. 우선 초장에서 내 가슴 맑은 호수 거울이 따로 없다 했다. 내 가슴, 내 마음은 모든 것이 투영되는 거울이고 호수다. 따라서 거울같이 맑은 호수에는 해와 별, 구름 등 다양한 사고의 유혹들이 무제한 투영되기 마련이다. 그런데 시적 화자는 그 많은 외부의 자극이나 유혹을 모두 수용하는 것이 아니라 종장 오직 하얗게 빛나는 얼굴의 달그림자만 수용 하겠다 했다. 따라서 인간낙파의 생존 방식, 학문의 자세, 시인으로서의 삶, 그가 추구하는 가치나 인생길은 하얗게 빛나는 얼굴, 바로 달그림자같이 순수한 진실만을 수용하겠다는 매우 올곧음의 의지를 상징적인 은유로 드러내고 있는 것이다. 어째서 시인은 태양이나 별보다 달을 가슴에 품고자 하는 것일까. 달은 맑고, 투명하고, 부드럽고 여성적이다. 차갑고 외로워서 슬프기도 하지만 가장 인간적인 정한의 정서를 담고 있어 달, 그 자체가 한 편의 서정시가 된다. 그러니 올곧은 삶을 지향하고 있는 달그림자야말로 시인 인간낙파의 지극한 동행이 되기에 충분하다.

시집 3부의 인생의 노래가 보여주는 이러한 올곧음의 인생관과 시정신은 고향의 역사와 전통에도 특별한 애정을 갖는다. 그래서 제4부 장소의 노래는 그의 고향 백제의 고도 부여에 대한 작품들을 집중 배치하고 있는데 그 중에서도 작품 「부소산」은 다른 많은 문인들이 부여에 대하여 망국의 한이나 조작된 풍문들을 확대 재생산하는 희롱조의 행태를 과감히 거부하고 부여의 참모습과 미래를 꿈꾸는 역시 부여인의 올곧은 시 정신을 보게 된다. 「부소산」의 초장은 "백마강 옥대 띠고 북풍을 막아서서"로 시작된다. '백마강 옥대 띠고' 얼마나 장엄한 상상력인가, '북풍을 막아서서'도 깊은 상징적 의미를 갖고 있다. 중장에서는 왕도 백제궁을 소나무 갑옷이 감싸고 있다고 했다. 백제궁을 왜곡된 역사로 보는 것이 아니라 천혜의 자연 조건으로 본 것이다. 그러기에 종장에서는 '천고의 백마 탄 영웅'이 이곳에서 분명 태어날 것이라는 미래를 노래하고 있다. 모두가 지난 과거, 패망한 왕도의 왜곡된 역사에 매몰되어 청승맞은 회고가나 부르고 있는데 인간낙파는 과거의 백제가 아니라 미래에 다가올 새로운 백제의 왕도 부여를 꿈꾸며 노래하고 있다.

필자가 인간낙파의 첫 시집을 평하면서 누가 부여의 큰 바위 얼굴인가 라는 화두를 던진 일이 있다. 정말 시인이란 무엇이며, 한 시대의 지식인, 한 지역의 인물이란 누구인가, 물론 인간은 태어나 성장하고 발전해야 한다. 그래서 연어처럼 대해로 나가 보다 큰 꿈을 키워야 한다. 그러나 대해는 타향에만 있는 것이 아니라 고향에도 있다. 더구나 디지털시대는 고향과 타향의 경계가 없다. 인간낙파는 평생 고향을 지키며 후학을 길렀고 정년을 하고는

본격적으로 시인으로, 시조시인으로, 지역의 인사로 계속 스스로를 개척하며 각종 단체에 참여하여 봉사하고 있다.

따라서 이번 시조집「달그림자」는 그의 올곧고 적극적인 삶과 시적인 열망이 정형미의 보석으로 다듬어진 결정체가 된다. 그러기에 그의 시조는 엄격한 정형의 정통 시조시학을 고수하고 있다. 그러면서도 그의 감성에는 열정이 있고, 그리움이 있고, 유한한 존재성에 대한 정한이 있어 전통적 서정성을 더하고 있다. 그러나 시조도 시 예술이기에 은유적 상상으로 창조되어야 하는데 그는 이미 시로, 시학으로 준비되어 있어 이점에서도 이번 시조집은 달그림자처럼 투명하다. 더욱 뜨거운 열정으로 올곧은 삶과 시학으로 계속 밝고 빛나는 시조의 지평을 열어가길 바란다.

달그림자

최 규 학 시조시집

2021년 7월 10일 인쇄
2021년 7월 15일 발행

지은이 최 규 학
펴낸이 신 용 호
펴낸곳 창조문학사

서울 서대문구 홍은동 397-26 동천아카데미 5층
등록번호 제1-263호
전화 374-9011, Fax 374-5217
공급처 한국출판협동조합 전화 716-5616~9

값 10,000원
ISBN 978-89-7734-786-1